AF248093

OR
202

# LETTRE

## DU

## CONSEILLER ABRANTÈS

### A

## SIR WILLIAM A'COURT.

PARIS, IMPRIMERIE DE GAULTIER-LAGUIONIE.

# LETTRE

## DU

## CONSEILLER ABRANTÈS

### A

### SIR WILLIAM A'COURT

SUR LA RÉGENCE DU PORTUGAL ET L'AUTORITÉ DU SEIGNEUR DON PÈDRE IV, EN SA DOUBLE QUALITÉ DE ROI DE PORTUGAL ET DE PÈRE DE DONA MARIA II,

FIDÈLEMENT TRADUITE DE L'ORIGINAL PORTUGAIS PUBLIÉ A LONDRES.

## Paris,

### MONGIE, LIBRAIRE,

#### BOULEVARD DES ITALIENS.

1827.

# PRÉFACE.

La lettre du conseiller Abrantès ayant été mutilée en quelques points dans le Constitutionnel, par les susceptibilités de la censure pour ses amis, je crois faire une chose agréable au public en la publiant dans son intégrité après en avoir collationné soigneusement la traduction avec le texte portugais original. Pour mettre les lecteurs en état de prononcer sur l'importante question des droits de don Pèdre et de ceux de son frère don Miguel, je donnerai ici un exposé succinct mais fidèle des faits, appuyé des pièces authentiques de cet étrange procès.

Par la mort de Jean VI[1], son fils aîné don Pèdre a hérité de la couronne de Portugal. Son père avait reconnu ses droits à lui succéder en qualité de roi de ce royaume dans les lettres-patentes qui précédèrent le traité de reconnaissance de l'empire du Brésil comme état séparé du Portugal, et dans l'acte de ratification du même traité don Pèdre

[1] Une partie de cette préface a été insérée par lambeaux dans le Constitutionnel pour répondre aux naïfs aveux du Moniteur.

est de nouveau désigné par son père comme prince royal de Portugal et son successeur au trône.

Don Pèdre a été reconnu roi de Portugal et des Algarves par toutes les puissances de l'Europe et de l'Amérique, ainsi que par la nation portugaise, avant et après la convocation des cortès. Il est donc seul roi de Portugal, et nul ne peut légitimement le priver de cette couronne.

Mais il y a renoncé, disent les partisans de don Miguel, et dans le Moniteur du 28 nous lisons ce qui suit : « Don Pèdre a abdiqué ; des conditions ont été mises par lui-même à son abdication ; elles sont remplies. Don Miguel a prêté serment à la Charte ; il a célébré ses fiançailles à Vienne, selon le vœu de l'empereur. » Malgré ce ton d'assurance et tous les efforts de la logique jésuitique des alliés de don Miguel, rien n'est plus faux que l'assertion du journal officiel, comme nous allons le démontrer par l'acte même d'abdication ; mais avant tout nous nous plaisons à admettre avec le Moniteur, que ce n'est qu'en vertu de la puissance souveraine de don Pèdre que sa fille pourra s'asseoir sur le trône de Portugal, par suite d'une concession faite par lui-même, à des conditions sur lesquelles il a seul le droit de prononcer.

Le 25 avril 1826, la nouvelle de la mort de Jean

VI arriva à Rio-Janeiro ; le 26 don Pèdre confirma la régence nommée par son père, jusqu'à l'installation de celle qui serait établie dans la Charte qu'il allait donner au Portugal ; le 29 il publia cette Charte ; le 30 il nomma les pairs du royaume, et ce ne fut que le 2 mai suivant qu'il signa l'acte d'abdication. Il s'ensuit que l'interprétation de cet acte ne peut appartenir qu'à celui qui l'a fait spontanément et de plein gré, et dans aucun cas les cortès créées par la Charte ne peuvent être juges en cette matière, pas plus que la régente actuelle ou les cours étrangères. En effet, qu'est-ce que la Charte ? C'est un code fondamental pour le gouvernement du Portugal monarchique à partir de la régence de dona Isabelle-Marie déléguée de don Pèdre et non de la reine mineure dona Maria II. La preuve que don Pèdre est resté le maître souverain de régler le pouvoir modérateur et éxécutif en Portugal, pendant tout le temps que durera la minorité de sa fille, c'est qu'après l'avoir constituée reine, par l'article 86 de la Charte, il s'est réservé par l'acte d'abdication, postérieur de trois jours à la date de la constitution, la faculté d'imposer des conditions dont la non-exécution entraîne l'annulation de cette partie de la Charte ; car si elles n'étaient pas remplies, l'abdication, aux termes dudit acte, serait elle-même nulle, et don Pèdre pourrait conserver le Portugal et le Brésil de même que ses ancêtres. A plus forte raison c'est à lui, et à lui seul, qu'il appartient de décider si ces conditions ont été remplies ou non. Dans tous les cas, il est encore roi légitime de Portugal, le trône n'est point vacant, et tous les articles de la Charte relatifs à la minorité ne sont nullement applicables à l'état actuel des choses. Nous convenons avec le Moniteur que l'article 92 est fort clair, il donne la régence, en cas de minorité, au parent le plus proche qui, lors de la mort du roi, aura plus de vingt-cinq ans, et comme il n'établit aucune succession en fait de régence, il la maintient dans la personne à qui elle a été une fois dévolue. Cela est d'ailleurs conforme au droit public et à la législation du Portugal, par lesquels la tutelle et la régence n'admettent point de succession d'âge et de sexe. Ainsi donc, d'après ce même article qui paraît si clair ( mais dans le sens opposé ) au Moniteur, don Miguel ne peut être régent, dans le cas même de la mort de don Pèdre, tant que la régente actuelle vivra.

Nous allons transcrire l'acte d'abdication de don Pèdre, traduit avec une fidélité scrupuleuse du journal officiel de Rio-Janeiro.

## ACTE D'ABDICATION.

« D. Pèdre, par la grace de Dieu, Roi de Portugal et des Algarves, etc. Je fais savoir à tous mes sujets portugais qu'étant incompatible avec les intérêts de l'empire du Brésil, et ceux du royaume de Portugal, que je continue à être roi de Portugal, des Algarves et autres possessions annexes, et voulant faire le bonheur desdits royaumes, autant qu'il est en moi, j'ai résolu de mon propre mouvement, et de plein gré, d'abdiquer et de céder tous les droits incontestables et indéfectibles que j'ai à la couronne de la monarchie portugaise et à la souveraineté desdits royaumes, en faveur de la personne de ma, plus que toutes les autres, très-aimée, très-honorée et chérie fille, la princesse du Gran-Para, dona Maria da Gloria, afin qu'en qualité de reine-régnante, elle les gouverne comme états indépendans de cet empire, et d'après la Constitution qu'il m'a plu de décréter, d'octroyer et de faire jurer par mes lettres-patentes de loi du vingt-neuf avril de la présente année: je déclare encore que ladite ma fille reine-régnante de Portugal ne quittera pas l'empire du Brésil, sans qu'au préalable il me soit connu officiellement que la Constitution a été jurée, d'après mes ordres, et sans que les fiançailles du mariage que j'ai l'intention de lui faire contracter avec mon très-aimé et honoré frère, l'infant don Miguel, soient célébrées, et *le mariage accompli*; et cette *abdication et cession ne se réaliseront pas, si l'une ou l'autre de ces deux conditions n'était point remplie.* C'est pourquoi j'ordonne à toutes les autorités à qui il appartient de prendre connaissance de ces lettres-patentes de loi, de les faire publier, afin que tous mes sujets portugais connaissent la détermination que j'ai prise. La régence de mesdits royaumes et états l'aura ainsi pour entendu, et les fera imprimer et publier de la manière la plus authentique, afin que tout ce qu'elles contiennent soit entièrement exécuté. Donné au palais de Rio-Janeiro, le deuxième jour du mois de mai, l'an de la naissance de Notre Seigneur Jésus-Christ, mil huit cent vingt-six. Le Roi ( avec paraphe ). »

Peut-on, de bonne foi, après la lecture attentive de cet acte, douter un instant de l'intention de son auteur? N'est-il pas de la dernière évidence que la deuxième condition de l'abdication n'est pas remplie, et que la célébration des fiançailles n'est point la conclusion du mariage? Cette condition n'aura lieu qu'à la majorité de la jeune reine, ou dans 10 ans, et jusque-là don Pèdre est roi de

Portugal, et peut en régler la régence comme il lui plaira, en y maintenant l'infante dona Isabelle-Marie, sa sœur, ou en la conférant à qui bon lui semblera. Quiconque portera atteinte à ce droit légitime, est un rebelle, s'il est né portugais ; est un ennemi, s'il est étranger.

Voici le dilemme que nous proposons au Moniteur et aux casuistes de Vienne et de Paris. De deux choses l'une : ou don Miguel est l'époux de la reine dona Maria II, ou il ne l'est pas. Dans le second cas l'abdication est sans effet, et don Pèdre a seul le droit de nommer la régence ; dans le premier, l'infant est exclu par l'art. 90 de la Charte que nous transcrivons plus bas, et d'après la dernière clause duquel don Miguel ne peut remplir aucune fonction qui le fasse participer d'une manière quelconque au gouvernement de l'état. Pourquoi donc irait-il en Portugal, après avoir désobéi aux ordres de son frère qui l'appelle au Brésil, dans l'espoir illusoire et coupable de jouir des droits qu'il n'a point ? Après avoir échoué dans le projet d'en faire un roi, les rebelles voudraient-ils, par un subterfuge, renverser la Charte et usurper le trône du roi légitime don Pèdre, en dénaturant cette même Charte et méconnaissant le sens de l'acte d'abdication ? Les puissances qui prétendent soutenir les droits des souverains oseraient-elles favoriser des prétentions aussi monstrueuses? Dépouilleront-elles don Pèdre au profit d'une faction? Dans ce cas elles se constitueront en état de guerre avec l'empereur du Brésil. Et la Grande-Bretagne, qui dans des traités multipliés a garanti aussi bien le territoire que les droits du légitime successeur de la famille régnante de Bragance, souffrira-t-elle que le roi légitime soit privé de ses droits souverains par une faction soudoyée et appuyée par l'étranger? C'est ce qu'il reste à voir : certes, si les événemens dont on menace le Portugal se réalisent, le *casus fœderis*, pour le cabinet britannique, sera bien mieux établi qu'il ne l'a été par l'invasion de Chavès et des rebelles ses complices, soutenus par les apostoliques d'Espagne contre l'autorité légitime de don Pèdre.

Voici l'art. 90 de la charte de don Pèdre.

« Le mariage de la princesse héréditaire présomptive de la couronne se fera toujours avec l'agrément du roi, et jamais avec un étranger. Si le roi avait cessé de vivre au moment où l'on devra s'occuper de ce mariage, il ne pourra s'effectuer sans le consentement des cortès générales. *Son époux n'aura aucune part au gouvernement*, et ne portera le titre de Roi qu'après qu'il aura eu de la reine un fils ou une fille. »

L'époux de l'héritière du trône ne peut donc ni être régent, ni siéger comme pair à la chambre haute, ni être nommé général, et les cortès ne peuvent rien changer à ces dispositions. Comment donc l'infant don Miguel songerait-il à faire valoir devant les cortès assemblées en séance extraordinaire ses prétendus droits à la régence, annonçant qu'il est prêt à se conformer à la décision des deux chambres? Il est étonnant que le *Times* insère de semblables doctrines sans les réfuter, surtout depuis que le *Morning Chronicle* des 3, 4 et 13 juillet a victorieusement renversé tous les sophismes des ennemis de don Pèdre et de sa charte. Don Miguel pourra bien se présenter à Lisbonne, se faire déclarer roi et régent, avec ou sans la sanction des cortès actuelles; il ne fera que renouveler les scènes du mois d'avril 1824; mais ce qu'il y a de certain c'est que ni lui, ni la régente, ni les cortès n'ont le droit de changer ce que don Pèdre a fait. Toute régence nommée par d'autres que par lui est une usurpation; c'est empiéter sur les droits de la souveraineté.

Nous ne disons rien du constitutionalisme de don Miguel, ni de l'amendement que le séjour de

Vienne et les conseils du prince de Metternich ont opéré dans son caractère. Mais est-il généreux et d'accord avec les principes de bienséance et les égards qu'on se doit entre souverains, de permettre à un prince renvoyé de Portugal, pour avoir conspiré contre l'autorité de son père et roi, à un prince retenu depuis long-temps à Vienne par suite de cette conduite désapprouvée par toutes les cours, et qui, proclamé roi par les Portugais rebelles à don Pèdre, roi légitime, cherche maintenant à arracher la régence à sa sœur, en dépit de la volonté du souverain, auquel il vient encore de désobéir, est-il, nous le répétons, généreux d'envoyer un tel personnage dans un pays où une faction n'attend que lui pour se constituer en état de rébellion contre don Pèdre? N'est-ce pas là déclarer la guerre à ce souverain?

# LETTRE

## DU

## CONSEILLER ABRANTÈS

### A

### SIR WILLIAM A' COURT.

Très-illustre et très-excellent Seigneur,

Depuis l'instant où Son Altesse Sérénissime l'infante dona Isabelle-Marie s'est déclarée régente de Portugal, votre excellence a commencé à répandre partout le bruit que la régence de Son Altesse ne pouvait durer que jusqu'à que Son Altesse Sérénissime l'infant don Miguel eût atteint sa vingt-cinquième année.

V. Exc. se rappellera que, dans son propre cabinet, nous traitâmes ensemble cette question et que je lui fis le dilemme suivant : « Ou l'infant jurera la charte constitutionnelle, ou il ne la jurera pas. S'il la jure, ainsi qu'on doit l'attendre de sa fidélité et de son obéissance aux ordres de son auguste frère et roi, il ne peut être régent de Portugal, parce que la Charte s'y oppose ; s'il ne la jure pas, il cesse d'être considéré comme Portugais, et, à plus forte raison, doit-il être exclu de la régence d'un royaume dont il a refusé de reconnaître la loi fondamentale. »

Je cherchai alors à faire comprendre à V. Exc. le vrai sens de divers articles de la Constitution, afin de vous bien démontrer que vous étiez dans l'erreur la plus complète ; mais je n'ai pas été assez heureux pour vous persuader, et moins encore pour vous convaincre. Il m'a semblé, au contraire, que vous ne pouviez comprendre notre Charte constitutionnelle, puisque vous ne savez pas le portugais, et que d'ailleurs vous ne possédez ni les connaissances élémentaires de droit public, ni celles de la législation de Portugal nécessaires à une telle discussion.

Je crus voir que ce qui vous décidait particulièrement à ne pas approuver la résolution inattendue de S. A., était qu'on ne vous avait pas consulté, et le temps a confirmé mes soupçons. Plût à Dieu que je me fusse trompé !

V. Exc. me fit remarquer alors, et avec raison, que la proclamation de S. A., en date du 1er août, devait être contre-signée par le ministre secrétaire-d'état de l'intérieur, et qu'elle ne l'était pas. A quoi je répondis que ce n'était pas S. A., mais bien le ministre d'état, ainsi que je vais vous le prouver, qu'il fallait accuser de ce défaut de formalité légale ; mais, avant tout, il faut que V. Exc.

et le public portugais soient informés des motifs qu'a eus S. A. S. l'infante dona Isabelle-Marie pour se déclarer régente du royaume.

Par le décret du 6 mars, le roi don Jean VI avait nommé une junte de gouvernement composée de quatre membres, et présidée par l'infante dona Isabelle-Marie, pour prononcer sur toutes les affaires, en appelant chaque ministre à la résolution des affaires relatives à son ministère respectif.

La nation augura très-mal d'un semblable gouvernement, non pas seulement parce que les gouvernemens collectifs en général sont mauvais, mais aussi parce que les membres qui le composaient, à l'exception du duc de Cadaval, n'avaient pas l'opinion publique en leur faveur, et que tous les ministres, à l'exception de Barradas, étaient détestés.

S. A. S. l'infante dona Isabelle-Marie, par son affabilité naturelle, par ses manières séduisantes et par ses qualités et vertus éminentes, s'était conciliée l'affection de la capitale et de la nation entière; mais comme elle n'était que simple présidente du gouvernement, et obligée de se conformer à la majorité des opinions d'hommes en qui la nation n'avait aucune confiance, elle ne pouvait faire que très-peu de bien. Telle était l'opinion générale du public, et le public se trompe rarement.

La première mesure prise par la junte, mesure qui déplut vivement à la capitale, fut de transporter la résidence de l'infante, de Lisbonne à Ajuda.

Cette mesure déplut, parce que l'infante était ainsi trop éloignée pour toutes les personnes qui avaient à solliciter auprès du gouvernement, et parce que toute la capitale craignait pour les jours de S. A. Le vœu public était donc que l'infante restât au palais de Rocio, au centre de la capitale, où S. A. devait se trouver beaucoup mieux qu'à Ajuda, au moins pendant les mois d'hiver, et où, en un moment, si les circonstances l'exigeaient, tous les habitans de Lisbonne pourraient accourir autour d'elle pour défendre sa précieuse vie. Mais le comte de Murça, par un calcul aussi étroit que faux et impolitique, insista pour ce changement. S. A. se soumit, et le public détesta chaque jour davantage le comte de Murça et les membres de la junte.

Le public apprit qu'à l'imitation de son auguste père, S. A. avait pris la résolution de donner audience à tous les individus, et que la junte s'y était opposée. La haine du public redoubla, ainsi qu'on devait s'y attendre, contre la junte et les ministres. S. A. en fut informée, et, passant par-dessus l'opposition de la régence, elle commença à donner ses audiences, mesure qui lui concilia de plus en plus l'affection de tous les habitans de la capitale. Le plus grand nombre de ceux qui accoururent à cette première audience n'eurent d'autre but que de complimenter S. A., et de le remercier du bienfait qu'elle venait par là de conférer au public.

Tout ce qui se passait dans le conseil était immédiatement connu à Queluz et dans le public par l'indiscrétion d'un membre du gouvernement. On sut que S. A. voulait opérer des réformes dans les dépenses de la maison royale, et qu'ayant chargé de cette affaire les chefs des différens services de sa maison et le comte de Murça, en sa qualité de président du trésor, celui-ci voulait étendre ces réformes si loin, qu'un grand nombre de familles en eussent été réduites à l'aumône. S. A. eut horreur d'une semblable réforme et y renonça. Elle conserva donc tout ce qu'avait fait son père; elle ordonna qu'on ne nommât plus aux emplois vacans, attendu qu'il y avait plus d'employés qu'il n'en fallait; mais elle voulut qu'on conservât les traitemens à ceux qui en jouissaient, en ne les supprimant qu'après la mort des titulaires. Elle comprit que c'était au temps à opérer une réforme de ce genre. Elle supprima ainsi tout le superflu, et par cette judicieuse réforme elle économisa dans toute sa maison plus de 150 contos de reis. S. A. donna ce bon exemple à toutes les autres administrations, mais aucune ne le suivit.

Le public sut que, malgré la demande de S. A., la junte s'était opposée à ce que le résultat de ces réformes fût publié dans la Gazette de Lisbonne; mais, d'après de bons conseils, S. A. les fit publier par son ordre exprès. La haine contre la junte s'accrut ainsi, à mesure que l'affection, la considération et le respect pour S. A. redoublaient parmi tous les habitans de la capitale, et de tout le royaume.

Barradas proposa à la junte de faire revenir à Lisbonne tous les individus plus ou moins compromis dans la fatale journée du 30 avril 1824, et la junte y accéda sur-le-champ sur la simple assurance donnée par Barradas, que le roi avait eu l'intention de les rappeler incessamment. Cette mesure scandalisa tellement le public, que depuis ce moment Barradas perdit l'estime générale dont il jouissait, et lui-même, après peu de jours, vit bien qu'il avait commis une grave faute politique. Il se vit obligé, peu de temps après, de faire arrêter le grand prieur de l'ordre du Christ, auquel il avait donné de grands éloges, et qu'il avait rappelé à Lisbonne. Depuis ce moment, Barradas et la junte furent exécrés.

Le public apprit que Lacerda, à l'imitation de Barradas, avait proposé à la junte de publier quelques graces que le roi *avait eu l'intention de faire à l'occasion de son anniversaire.* La junte approuva la proposition, et le public y vit une attaque véritable à l'autorité royale du seigneur don Pèdre IV, et ne les en détesta que plus.

Le public sut qu'à la fin du mois de mai le comte dos Arcos avait traité S. A., en pleine séance de la junte, avec fort peu de considération et de respect, et que S. A. avait été si affligée d'une pareille scène, qu'elle fut soudainement frappée de paralysie au bras et à la cuisse droite. L'indignation, la haine et la

rage du public contre le comte dos Arcos s'élevè-
rent au plus haut degré ; et si S. A. ne se fût promp-
tement rétablie par mes soins, la vie du comte
dos Arcos pouvait courir les plus grands risques.
Son Exc. ne s'en doute peut-être pas.

Le public sut qu'en conséquence d'une fausse
nouvelle répandue par le capitaine d'un navire arrivé de Bahia à Lisbonne, à la fin de mai, et qui
avait annoncé que le roi don Pèdre IV avait déclaré qu'il ne voulait plus rien du Portugal, le
comte dos Arcos avait proposé au gouvernement
de faire revenir à Lisbonne le marquis d'Abrantès
et tous les autres individus que le feu roi avait fait
sortir du royaume par suite de l'horrible et fatale
journée du 30 avril 1824. Le public sut que cette
proposition des plus imprudentes avait été approuvée par les autres membres de la junte, mais que
S. A. avait formellement déclaré qu'elle n'y con-
sentirait pas et ne permettrait jamais à ces individus de rentrer en Portugal sans l'ordre exprès
de son auguste frère et roi.

Pendant que S. A. était aux bains de Caldas, le
comte de Porto-Santo (ami intime de V. Exc.)
reçut, au commencement de juillet, un courrier
de notre ministre à Paris, qui lui communiquait
que le gouvernement français venait de recevoir,
par un navire arrivé de Rio-Janeiro à Brest le 16
juin, la nouvelle que le seigneur don Pèdre IV
avait abdiqué la couronne de Portugal. Pedro de
Mello donna la nouvelle telle que le gouvernement

français l'avait perfidement donnée; je dis perfidement, parce que ce gouvernement sachant que don Pèdre IV avait abdiqué en faveur de son auguste fille la couronne de Portugal, et à quelles conditions, sachant aussi que don Pèdre IV avait donné une Charte constitutionnelle à ses fidèles sujets portugais, ne communiqua cependant pas ces graves et importantes circonstances au ministre de Portugal.

M. de Mello fit connaître au comte de Porto-Santo ce qui lui avait été communiqué par le gouvernement français; mais, ainsi qu'il est constant, il lui recommanda le plus grand secret jusqu'à l'arrivée de nouvelles plus circonstanciées et même officielles.

Loin de garder le secret, ainsi qu'on le lui recommandait, le comte de Porto-Santo fit tout le contraire. Il était de son devoir de faire immédiatement part de cette nouvelle au gouvernement, qui résidait alors à Caldas da Rainha; mais, au lieu d'en agir ainsi, il communiqua cette nouvelle à l'intendant-général de la police, qui en fit part immédiatement aux magistrats de police de Lisbonne, et au comte de Barbacena, ministre de la guerre, qui ordonna à son tour au comte d'Alhandra, gouverneur de la place, d'annoncer à tous les chefs de corps de la capitale que désormais l'infant don Miguel était le roi légitime du Portugal! Le général obéit à ces ordres, et Lisbonne et tout le royaume furent sur le point d'être noyés dans le sang. La haine publique redoubla avec une nouvelle force contre les comtes de Porto-Santo (Saldanha) et de Barbacena, et contre les membres de la junte qui n'improuvèrent point une semblable conduite.

Le public apprit que ce ne fut qu'après les criminelles communications dont je parle, que le comte de Porto-Santo transmit à Caldas da Rainha les nouvelles qu'il avait reçues de Paris, nouvelles que l'on connaissait déjà à Caldas par des lettres particulières de Lisbonne qui peignaient la consternation dans laquelle était plongée la capitale, et l'indignation de ses habitans contre les comtes de Porto-Santo et de Barbacena.

Heureusement enfin, le 8 juillet, arriva à Caldas sir Charles Stuart, apportant la charte constitutionnelle, plusieurs décrets, et une lettre de don Pèdre IV à sa sœur l'infante dona Isabelle-Marie; mais le public apprit qu'autant fut grande la satisfaction de S. A., autant fut remarquable l'indifférence, ou pour mieux dire le déplaisir avec lequel la junte apprit cette nouvelle et lut la charte constitutionnelle et les décrets du roi don Pèdre IV.

S. A. quitta alors l'usage des eaux de Caldas, auxquelles elle doit la vie, et qu'elle eût dû continuer au moins pendant vingt jours encore, et elle partit pour Lisbonne, afin d'exécuter et de faire exécuter les ordres de son auguste frère; mais toute la capitale sut qu'autant étaient grands l'empressement et la bonne volonté de S. A. à faire exécuter les ordres de son souverain, autant étaient honteuses l'indolence et la mauvaise volonté de la junte et de tous les ministres. Le public vit avec horreur et indignation qu'on publiait la charte constitutionnelle par extrait et en la défigurant entièrement, afin de tromper le peuple et de l'indisposer contre la charte constitutionnelle elle-même. S. A. voulut alors qu'on châtiât d'une manière exemplaire l'auteur et le censeur; mais ni la junte ni les ministres d'état, et surtout Barradas (de la compétence duquel était cette affaire, en sa qualité de ministre des affaires ecclésiastiques et de la justice), ne firent un pas pour découvrir ni l'auteur, ni le censeur, ni l'éditeur.

Les habitans de Lisbonne et de Porto surent que la junte et les ministres avaient employé tous les moyens possibles pour ajourner le serment à la Charte constitutionnelle, qui, malgré tous leurs efforts, fut prêté le 31 juillet. Les habitans de Lisbonne surent que l'on conspirait nuit et jour contre la Charte et contre les ordres du seigneur don Pèdre IV, dont les ennemis de l'ordre, du bien public et des lois commençaient à prétendre révoquer en doute les droits incontestables. Le public sut que la junte avait reçu journellement des avis très-exacts; que, dans l'Alemtejo, le régiment d'infanterie n. 17, un régiment de cavalerie et la garnison d'Elvas étaient provoqués à la révolte;

que l'infame brigadier Magessi et le capitaine en chef (Capitâo-Mor) du district d'Alandroal étaient les principaux agens de cette horrible révolte ; que, dans Tras-os-Montès, l'exécrable famille des Silveira cherchait à faire révolter cette malheureuse province, et que le régiment d'infanterie n. 24 était prêt à déserter en Espagne si le gouvernement ne prenait pas les mesures les plus promptes. On intercepta la correspondance du capitaine du district d'Alandroal avec les chefs de la révolte à Lisbonne. Le gouvernement savait tout. En vain l'infante proposa mille et mille fois de prendre des mesures promptes et énergiques pour prévenir de si grands malheurs ; la junte et les ministres, surtout le comte de Barbacena et Barradas, qui devaient marcher d'accord et sans perdre un instant, s'endormirent et ne prirent aucune mesure convenable, ou, s'ils en prirent, elles furent tardives et insuffisantes. Magessi et le capitaine en chef du district d'Alandroal prirent la fuite, et avec eux le régiment d'infanterie n. 17, et celui de cavalerie n. 2 ; et dans Tras-os-Montès le régiment d'infanterie n. 24, le vicomte de Monte-Alègre, son père, et plusieurs autres Silveira et gens de leur sequelle prirent également la fuite.

Les habitans de Lisbonne étaient au désespoir. Ils comprirent que la nation était trahie ; et persuadés que la junte et les ministres conspiraient contre le roi don Pèdre IV et que pour arriver à leurs fins ils voulaient se maintenir dans la régence créée par le décret du 6 mars, ils formèrent le projet de faire proclamer, le 1er août, l'infante dona Isabelle-Marie régente du Portugal, et de défendre leur régente et la charte constitutionnelle au risque de leur propre vie.

Déjà on avait préparé et imprimé une proclamation qui devait être affichée dans les rues de Lisbonne le matin du 1er août; et plusieurs milliers de personnes, militaires et bourgeois, devaient se réunir au palais d'Ajuda et y proclamer l'infante en même temps qu'on en eût fait autant dans les principales rues et places de Lisbonne. Voici la copie de cette proclamation.

« Portugais! le seigneur don Pèdre IV, notre légitime souverain, a confirmé, par son royal décret du 26 avril dernier, la régence créée par son auguste père, mais uniquement jusqu'à l'installation de celle décrétée par la Charte constitutionnelle. Cette régence appartient uniquement à l'infante dona Isabelle-Marie, et elle doit être installée le 31 du courant, puisque c'est à dater de ce jour que la charte doit commencer à être en vigueur.

« Mais qu'arrive-t-il? des hommes en petit nombre, mais grands par leur puissance, puisqu'ils tiennent les rênes du gouvernement, prétendent usurper les droits de l'infante, et se maintenir en possession du pouvoir jusqu'à la réunion des cortès générales et peut-être au-delà.

« Portugais, pairs du royaume, clergé, noblesse et peuple, militaires et magistrats, consentirezvous qu'on fasse une telle injure à la fille, à la sœur, à la tante de nos souverains? Vous seriez indignes de la Charte constitutionnelle, si vous aviez la faiblesse honteuse de la laisser violer d'une manière aussi infame, le jour même où on jure de l'observer.

« Vive le seigneur don Pèdre IV et son auguste fille dona Maria !

« Vive l'infante Isabelle-Marie, unique régente!

« Vive la Charte constitutionnelle!

« Que les rebelles, que les traîtres tremblent! »

S. A. fut informée par moi de tout ce qui se passait et de tout ce qu'on prétendait faire dans la matinée du 31 août. Je présentai à S. A. un exemplaire de cette proclamation imprimée, et il est aujourd'hui entre les mains de S. M. T. F. le seigneur don Pèdre IV.

Ennemi déclaré des révolutions, je représentai à S. A. les funestes conséquences qui pouvaient résulter de ces rassemblemens tumultueux, surtout pour les ministres et les membres de la junte, qui tous, à l'exception du duc de Cadaval, étaient véritablement détestés comme les auteurs de tous les maux que souffrait la nation. Je suppliai ensuite S. A. de s'opposer, par tous les moyens possibles, à la révolution qui était prête à éclater, et dont personne ne pouvait prévoir ni calculer les suites. Je lui montrai qu'il était impossible que les cabinets d'Europe ne désapprouvassent pas hautement une telle révolution, dont ils tireraient

( 28 )

avantage pour empêcher la Charte constitutionnelle de s'établir. Je lui montrai que, conformément à cette charte, personne ne pouvait lui dis-
puter la régence du royaume; qu'elle devait donc
se déclarer régente et faire immédiatement part à
son auguste frère et roi des motifs qui l'avaient
décidée à prendre cette mesure.

Je me dispenserai de rapporter les judicieuses
réflexions que S. A. fit en cette occasion. Je dirai
seulement à V. Exc. que S. A., convaincue de
tout ce que j'avais l'honneur de lui dire, aussi bien
que de la pureté et de la fidélité de mes senti-
mens, m'ordonna de faire une proclamation
( ce fut le 29 juillet dans la soirée ) et de la présenter à son examen. Elle m'ordonna aussi de me
servir de la même voie par laquelle je m'étais
procuré la proclamation ci-dessus mentionnée,
pour prévenir et empêcher la proclamation tu-
multueuse que l'on méditait, en assurant, en son
nom, qu'elle prendrait les moyens nécessaires
pour que le 1er août les craintes des habitans de
Lisbonne fussent entièrement dissipées.

Je me conformai aux ordres de la princesse. Ce
qu'il m'en coûta de travail et de fatigue depuis le
29 juillet jusqu'à onze heures du soir du 31 juillet,
il n'est que moi et quelques véritables amis du
bien public, du roi, de la Charte, de la reine
Marie II et de l'infante Isabelle-Marie qui puissent
le savoir; et certes ce n'a pas été un des moindres
services que j'ai rendus à mon malheureux pays,

pour lequel j'ai d'autant plus d'affection qu'il a mieux su résister à tant d'intrigues, à tant de trahisons, à tant de perfidies, et à tant et tant de maux amers qu'il a injustement soufferts, et qu'ont entraînés à leur suite la politique la plus infame, la déloyauté la plus horrible, le fanatisme, l'hypocrisie et l'irréligion.

Le 30 au matin, je présentai à S. A. la proclamation dont elle m'avait chargé, et qui eut le bonheur de mériter son approbation. Le 31, à quatre heures du soir, S. A. l'envoya au ministre de l'intérieur, en lui ordonnant de la faire imprimer immédiatement à six mille exemplaires; d'en envoyer une partie à l'intendant-général de la police, avec l'ordre de la faire afficher dans les rues de Lisbonne dans la matinée du 1<sup>er</sup> août, et de faire distribuer le reste dans les bureaux de l'imprimerie royale.

Le ministre de l'intérieur répondit ainsi qu'il suit à S. A. :

« Madame,

« J'ai eu l'honneur de recevoir et le plaisir de lire la belle proclamation de V. A. R. Elle est aussi attachante que le serment a été séduisant. Je vais exécuter de point en point les ordres de V. A. R., et je ne cesserai jamais d'être, comme je dois l'être, madame, de V. A. R. le plus humble serviteur,

JOZÉ-JOAQUIM D'ALMEIDA ARÁUJO CORREA DE LACERDA.

« 3 1 juillet, quatre heures et trois quarts du soir.»

V. Exc. avouera avec moi que S. A. pouvait bien se dispenser de faire contresigner cette proclamation par son ministre secrétaire-d'état. Il était de son devoir de la contresigner, et surtout après l'avoir approuvée, comme on le voit par cette lettre; et si le ministre n'eût approuvé ni la mesure, ni la proclamation, il devait aller trouver immédiatement S. A. et lui exposer les raisons de sa désapprobation.

Je me suis arrêté à vous exposer les motifs qu'a eus S. A. pour se déclarer régente du royaume, afin de montrer à V. Exc. et à tous les diplomates résidant à Lisbonne, que le bien et le salut de l'état, et le désir d'éviter une révolution, dont les suites pouvaient être funestes, ont seuls obligé S. A. à cette démarche, et non pas cette terrible passion, l'ambition, si funeste au monde, si funeste en particulier au Portugal, et à tous ceux qui se sont laissés entraîner par elle. Cette auguste princesse, qui a été victime de toutes les calomnies que la perversité, l'irréligion et la plus infame politique peuvent inventer, n'a jamais eu l'ambition de régner. Si elle eût eu une semblable passion, S. A. n'aurait pas rejeté avec indignation et horreur *les propositions* qui lui furent faites, et qui auraient pu éblouir, séduire et entraîner tout autre prince.

Passons à la question de la régence de Portugal, et voyons si elle appartient à l'infante Isabelle-

Marie, ou si elle peut appartenir de *droit* à l'infant don Miguel. Ce que je vais exposer peut bien ne pas plaire à l'infant don Miguel, mais je dis les choses telles que je les vois, et si S. A. ne craint pas d'entendre la vérité, je ne crains pas de mon côté de la lui dire. Je n'ai aucune raison personnelle d'en vouloir à ce jeune prince ; personne ne l'a traité avec plus de respect et d'égards que moi quand il était en Portugal, et il doit se rappeler que quand il a été à bord du vaisseau anglais *le Windsor-Castle*, et que toute sa maison le fuyait, je n'ai pas manqué un seul jour d'aller lui demander des nouvelles de sa santé en lui baisant la main.

L'infant don Miguel a juré la Charte constitutionnelle : il doit donc observer ce qu'elle prescrit : il doit observer ce qui est de droit. S'il ne le faisait pas, il passerait pour un usurpateur, et S. A. est incapable de commettre un tel excès ; on doit du moins le supposer ainsi, et on doit moins encore croire qu'il y ait des souverains assez oublieux d'eux-mêmes, assez indifférens au droit et à la justice, pour ne se laisser guider que par une politique aussi fausse que pernicieuse, et vouloir *par la force* que l'infant don Miguel soit régent de Portugal aussitôt qu'il aura accompli sa vingt-cinquième année.

L'article 92 de la Charte constitutionnelle octroyée par l'autorité légitime et jurée par la nation portugaise avec la meilleure volonté, le plus grand plaisir et le plus vif enthousiasme, ainsi que

V. Exc. le sait, et qu'elle l'a elle-même déclaré à Lisbonne, porte que :

« Pendant la minorité du roi, le royaume sera gouverné par une régence qui appartiendra de droit au parent le plus proche du roi par ordre de succession, et âgé de plus de vingt-cinq ans. »

L'infante, au moment où on a prêté serment à la Charte, était le parent le plus proche, et le seul même qui eût plus de vingt-cinq ans ; la régence lui appartenait donc de droit. Mais V. Exc. et les diplomates qui résident à Lisbonne (et qui peut-être, sans qu'ils s'en doutent, servent la cause impie et les vues iniques de l'infame junte apostoli-que [1]) prétendent que cela ne doit s'entendre que jusqu'à ce que l'infant don Miguel ait atteint sa vingt-cinquième année. Mais qui peut résoudre

[1] Si là junte apostolique, impie et jésuitique, parvient à l'abominable et inique but qu'elle se propose, on verra se renouveler dans la vieille, ou plutôt décrépite Europe, ces temps désastreux de barbarie et d'ignorance, où les papes déposaient les rois, donnaient et ôtaient des couronnes et dégageaient avec impiété les peuples du serment de fidélité qu'ils avaient prêté aux rois ! L'Angleterre elle-même en sera victime lorsqu'elle s'y attendra le moins ! Tel est le but auquel conduit la funeste protection que les gouvernemens du continent donnent en ce moment à cette association si impie. Ou je me trompe fort, ou les puissances continentales de l'Europe cherchent par tous les moyens à exclure du continent européen la Grande-Bretagne : elles veulent ce que voulait Bonaparte ; la seule différence est dans les moyens. Fasse le ciel que je me trompe !

(Cette note et la phrase en parenthèse à laquelle elle se rattache avaient été supprimées dans le Constitutionnel par la censure.)

cette question? ce n'est que la Charte constitutionnelle, le droit et la volonté du seigneur don Pèdre IV, et nullement les intrigues diplomatiques.

Que V. Exc. me dise quel est l'article de la
Charte constitutionnelle qui renferme cette doctrine ?

L'article 92, transcrit ici, ne dit rien de cela, et
ne fait pas une semblable distinction; et, ce que
la loi ne déclare pas, personne ne peut le déclarer, c'est un principe de droit incontestable.

L'article 97 détermine très-clairement que « le
régent et la régente prêteront le serment men-
tionné dans l'article 76, en y ajoutant la clause de
fidélité au roi, et l'engagement de remettre le gouvernement entre ses mains aussitôt qu'il aura atteint sa majorité, ou qu'aura cessé l'obstacle qui
le tient éloigné de l'administration. »

Il résulte clairement de cet article, que qui que
ce soit qui entre une fois dans la régence de ce
royaume, doit la conserver et ne peut la remettre
qu'au légitime souverain.

Tel fut le serment fait par S. A. Elle serait par-
jure si elle remettait la régence de ce gouvernement à une autre personne que la reine dona
Maria II.

Dans aucun article de la constitution on ne
trouve écrit, et on ne peut induire d'aucun, que
quand une infante obtiendra la régence pour avoir
atteint sa vingt-cinquième année, elle cessera de

posséder cette régence lorsqu'un infant, s'il en existe, arrivera après elle à cet âge.

Mais l'article 92 dit que :

« Si le roi mineur n'a aucun parent qui réunisse ces qualités ( celles dont parle l'article 92 ), le royaume sera gouverné par une régence *permanente*, nommée par les cortès générales, et composée de trois membres, dont le plus âgé sera président. »

Quoi! la régence nommée par les cortès générales serait *permanente*, et la régence de l'infante Isabelle-Marie, que la Charte constitutionnelle a incontestablement appelée à ce haut emploi, ne serait que temporaire! Par quel article de la charte, par quel principe du droit public pourrait-on justifier une si scandaleuse différence?

V. Exc. voit bien, si elle veut être sincère, que d'après la Charte constitutionnelle jurée par l'infant, sans aucune restriction, S. A. ne peut devenir régent du Portugal quand même il ne serait qu'infant; il peut l'être bien moins encore, lié comme il l'est par un contrat de mariage à la reine légitime de ce royaume, ainsi que je le ferai voir bientôt à V. Exc. Voyons si l'infant peut être, *par droit*, régent du Portugal.

Un illustre auteur français, dans son ouvrage intitulé *Science du Publiciste*, auquel il a employé douze années d'un travail assidu, et dont le résumé fait partie du même ouvrage, sous le titre d'*Esprit du Droit*, dit expressément ce qui suit : « En traitant de la *durée de la régence*, lorsque l'on a reconnu que l'autorité royale ne doit être ni interrompue ni entravée, il faut ajouter que cette autorité ne doit pas être considérée comme pouvant même sommeiller un instant, et qu'en ce sens encore on a raison de poser ce principe, que le roi ne meurt jamais.

« Ainsi, dans le cas d'absence du chef de la monarchie ( et tel est le cas en Portugal aujourd'hui, puisque le seigneur don Pèdre IV est roi de Portugal jusqu'à l'accomplissement des conditions auxquelles il a abdiqué ), les fonctions du régent doivent commencer à compter du jour où le monarque, ayant quitté le territoire national, se trouve par là dans une position telle que sa liberté et son indépendance morale peuvent devenir l'objet d'un doute; et par les mêmes raisons, elles doivent durer jusqu'à ce que toute crainte, toute incertitude à cet égard soit dissipée par son retour au sein de la patrie

« Dans le cas de démence ou d'incapacité, pour cause de maladie ou infirmité, les fonctions de la régence doivent commencer du jour où cet état d'incapacité, constaté dans un conseil de famille, aura été déclaré par les deux chambres ; *et elles doivent durer jusqu'à ce que le retour à la santé ait été constaté, reconnu et déclaré avec les mêmes formalités.*

« Enfin, dans les cas de minorité, les fonctions du régent commenceront au moment de la mort du prédécesseur du roi mineur, *et elles cesseront de plein droit le jour où celui-ci atteindra sa majorité.*

« Pendant la durée de la régence, aucune cause étrangère à la personne du régent ne doit interrompre ses fonctions ou l'exclure de la régence.

« Ainsi, par exemple, dans le cas où, *par défaut d'âge* ou autre cause d'empêchement du parent le plus proche, la régence aura été dévolue à un autre, celui-ci, une fois entré en exercice, continuera ses fonctions aussi long-temps que devra durer la régence, et le parent qui, par quelque cause que ce soit, se sera trouvé empêché d'exercer la régence, ne pourra y prétendre, l'empêchement cessant.

« Si, par exemple encore, le prince mineur décède, laissant la couronne à un prince, aussi mineur, d'une autre branche, le régent en exercice conservera la régence jusqu'à la majorité du nouveau roi. »

Y a-t-il rien de plus clair et de plus positif sur la matière en question ? Que V. Exc. lise *l'Esprit du Droit et ses applications à la politique et à l'organisation de la monarchie constitutionnelle*, par M. Albert Fritot, pag. 410 et 411.

D'après ce que je viens d'exposer et de transcrire, V. Exc. doit voir que tout régent, entré dans l'exercice de ses fonctions, soit par l'absence, soit par la démence, soit par quelque autre incapacité du roi, soit pendant la minorité de ce roi,

( 37 )

doit continuer dans la régence jusqu'à ce que, en cas d'absence, le roi soit rendu dans ses états; en cas de maladie, parfaitement rétabli; en cas de minorité, devenu majeur.

Selon la solide doctrine de ce savant et illustre publiciste, contre le témoignage duquel V. Exc. ne peut rien alléguer avec raison et justice, vous voyez que, pendant la régence, aucune cause étrangère à la personne du régent ou de la régente ne doit interrompre ses fonctions ou l'exclure de la régence; c'est-à-dire que le régent ne peut être privé de la régence, dès qu'il y est entré, que par sa mort ou sa démission volontaire, ou par quelque cause qui le mette lui-même hors d'état de continuer la régence.

V. Exc. voit que l'infant don Miguel ne pouvait être régent au moment de la proclamation de la charte, puisqu'il n'était pas en âge compétent. L'infante dona Isabelle-Marie l'a obtenue parce qu'elle était au même degré de parenté que son frère l'infant don Miguel, et que de plus elle avait l'âge prescrit par la loi. Une fois en possession de la régence, personne ne peut légitimement l'en exclure.

« Ainsi, par exemple, dit le même auteur, dans le cas où, par défaut d'âge ou autre cause d'empêchement du parent le plus proche, la régence aura été dévolue à un autre, celui-ci, une fois entré en exercice, continuera ses fonctions aussi long-temps que devra durer la régence; et le parent qui, par quelque cause que ce soit, se sera trouvé empêché d'exercer la régence, ne pourra y prétendre, l'empêchement cessant. »

Y a-t-il, je le répète, rien de plus positif et de mieux approprié à la question?

Si les régences n'étaient pas permanentes, mais temporaires, quel serait le malheur des peuples? quel vaste champ pour l'intrigue, pour les cabales, pour les divisions des partis, dont les nations sont si souvent victimes!

Prétendre donc exclure de la régence de Portugal l'infante dona Isabelle-Marie, pour y placer l'infant don Miguel, ce serait commettre une injustice horrible, ce serait une violence exécrable et inouie, ce serait la mesure la plus impolitique, la plus scandaleuse et la plus infame que puissent prendre les gouvernemens européens; ce serait fouler aux pieds tous les principes du droit public, de la religion, de la morale, de la justice, et d'une sage politique; ce serait augmenter les maux déjà si amers d'une nation qui n'a offensé personne, et qui ne désire que ce que son roi légitime lui a octroyé, et rien de plus.

A tout ce que j'ai dit, il faut ajouter que l'infant don Miguel se trouve dans des circonstances fort différentes d'un simple infant, par l'effet de son alliance par contrat de mariage avec la reine dona Maria II.

D'après l'art. 90 de la charte constitutionnelle,

l'infant don Miguel ne peut prendre part au gouvernement du royaume, et ne peut prendre le titre de roi, qu'après avoir eu de la reine un fils ou une fille. Si donc l'infant ne peut avoir part au gouvernement du royaume, même pendant l'administration de la reine sa femme, comment pourrait-il gouverner le royaume pendant sa minorité ? Ce serait une complète absurdité, et d'autant plus marquante, que cette minorité doit durer encore pendant près de dix ans.

J'ai prouvé jusqu'ici à V. Exc., de la manière la plus claire, que, d'après la charte constitutionnelle et le droit public, la régence du royaume appartenait incontestablement à l'infante dona Isabelle-Marie, et ne pouvait, d'aucune manière, apppartenir à l'infant don Miguel, et que le droit abominable et criminel de la force, et la violence la plus odieuse, pouvaient seuls priver l'infante dona Isabelle-Marie de la régence de Portugal.

La régence dans un royaume ne peut avoir lieu que lorsque le roi est absent, ou qu'il est en démence, ou qu'il est incapable de gouverner par suite de quelque infirmité, ou aussi parce qu'il est mineur. Mais dans lequel de ces cas se trouve aujourd'hui le Portugal? Dans le premier.

Sans contredit, le seigneur don Pèdre IV a été reconnu roi légitime de Portugal par tous les cabinets de l'Europe, depuis la note circulaire du prince de Metternich aux ambassadeurs et ministres de S. M. I. et R. Apostolique, datée de Vienne,

( 40 )

27 mars 1826. Une poignée seule de rebelles qu'ont abusés, entraînés au crime et perdus, l'or, la séduction et les intrigues du cabinet de Madrid, de l'impie junte apostolique et de son chef en Portugal, ont pu contester sa légitimité.

Le seigneur don Pèdre IV, comme légitime roi de Portugal, pouvait donner à ses fidèles sujets une Charte constitutionnelle, *conformément même à la doctrine de la sainte-alliance*. S. M. T. F., en donnant cette charte, n'a fait que rendre à la nation portugaise des institutions aussi anciennes que la monarchie, et à l'aide desquelles les Portugais, si peu nombreux, ont étonné l'Europe et le monde de leurs exploits glorieux. S. M. n'a fait que nous rendre ce que le despotisme et la politique la plus mal entendue nous avaient ravi depuis 1698; et c'est précisément cette usurpation funeste que l'impie junte apostolique, le despotisme de quelques cabinets, l'irréligion, l'hypocrisie et le plus abominable fanatisme voudraient perpétuer.

Don Pèdre IV, en qualité de roi légitime de Portugal et des Algarves, a abdiqué en faveur de son auguste fille, dona Maria II, la couronne de ces royaumes, mais il a abdiqué sous les conditions suivantes : 1° que serment serait prêté à la Charte constitutionnelle; 2° qu'avant tout, les fiançailles seraient faites et le mariage accompli. Le souverain a même ajouté : *et mon abdication et cession n'auront pas lieu si une seule de ces deux conditions n'était pas remplie.*

On a prêté serment à la Chárte constitutionnelle; on a célébré les fiançailles ; mais le mariage
est-il accompli ? Non, et cela est si vrai que S. A.
l'infant don Miguel peut encore se marier avec
toute autre princesse ; et la reine dona Maria II peut
se marier à tout autre que choisira son père. Cette
conclusion n'est peut-être pas diplomatique, mais
elle est logique et rigoureuse.

V. Exc. sait qu'on doit donner aux mots leur
sens clair et naturel, et tel en général que leur
donne celui qui parle ou écrit; mais si, dans le cas
présent, il y avait quelque doute ( et il n'en existe
aucun pour qui connaît la langue portugaise) sur
la manière d'interpréter les conditions de l'abdication de don Pèdre IV, à qui appartient-il, je le
demande, d'en donner le vrai sens ? Est-ce au
prince de Metternich ? Est-ce à V. Exc., qui a dit
mille fois, si nous en croyons un grand nombre de
lettres de Lisbonne, que don Pèdre ne gouvernait pas le Portugal, et n'était plus roi de Portugal
depuis qu'il avait octroyé la charte ? Cela appartient-il aux diplomates vos collègues résidant à
Lisbonne, et qui ont montré tant d'empressement
à voir périr notre constitution ? Non, certes : la
véritable interprétation appartient exclusivement
à l'auteur de l'acte d'abdication, qui, heureusement pour le Portugal et pour le Brésil, est encore
vivant. Si les conditions de l'abdication ne sont
pas exécutées, ainsi que cela est incontestable, il
est évident, il est manifeste que don Pèdre IV est

encore roi de Portugal et des Algarves, et qu'il doit être considéré comme tel jusqu'au moment où le mariage *aura été accompli.*

Nous ne sommes pas aujourd'hui dans le cas d'une minorité, puisque le roi existe. Don Pèdre IV, tuteur né de son auguste fille, est donc-le seul qui puisse et doive nommer la personne qui doit le remplacer, c'est-à-dire qui doit être son lieutenant-général en Portugal. Ce choix appartient incontestablement à don Pèdre, et n'appartient qu'à lui ; et si quelque cabinet voulait s'ingérer ou intervenir dans une telle affaire, ou prétendait refuser à S. M. T. F. cette prérogative, qui lui est inhérente, comme roi et comme père, il commettrait l'attentat le plus exécrable et le plus scandaleux, et donnerait un terrible exemple qui, un jour, pourrait lui être funeste à lui-même.

S. A. l'infante Isabelle-Marie, pour éviter, ainsi que je l'ai dit, une révolution qui était prête et imminente, et dont les suites pouvaient être bien funestes, et appuyée sur la constitution jurée quelques instans auparavant, s'est déclarée régente du royaume. V. Exc. a été témoin oculaire de la joie publique manifestée par toute la capitale à cette heureuse nouvelle ; elle sait avec quelle satisfaction, avec quels applaudissemens cette résolution de S. A. fut reçue par toutes les municipalités et villes du royaume. Les félicitations innombrables adressées à ce sujet à S. A. ont été imprimées et répandues, et V. Exc. sait que S. A.

n'a jamais acheté ni fait acheter des applaudisse-
memens. Je suis certain qu'aucun des espions de
V. Exc., malgré la perversité naturelle à une telle
race, n'aura pu dire une telle fausseté à V. Exc.
V. Exc. sait fort bien que malgré les plus criminelles intrigues, malgré les calomnies les plus
noires et les plus infames inventées par la perversité des ennemis du roi et de la Charte pour nuire
à S. A., elle n'en jouit pas moins de l'estime et de
l'affection de tous les Portugais.

Aussitôt que S. A. se fut déclarée régente, elle
rendit compte de tout à son auguste frère et roi,
qui approuva tout ce qu'elle avait fait. Depuis ce
moment, don Pèdre a considéré son auguste sœur
l'infante dona Isabelle-Marie, comme son délégué
et son lieutenant en Portugal, et non pas comme
le représentant de son auguste fille pendant sa minorité, puisqu'il ne peut être question de minorité
tant que le souverain légitime, qui est don Pèdre
IV, vit encore; au moins, tant que les conditions
auxquelles S. M. T. F. a abdiqué ne sont pas pleinement vérifiées et accomplies.

J'ai déjà exposé à V. Exc. les motifs pour lesquels S. A. s'est déclarée régente du royaume au
1er août; et si V. Exc. et ses collègues voulaient
écouter la voix de la raison, de la justice et de la
vraie politique, vous avoueriez que S. A. a fait ce
qu'elle devait, et qu'elle a rendu un véritable
service à l'humanité, à l'intérêt public et à la cause

de la légitimité, en prévenant l'anarchie et tous les maux qui auraient nécessairement résulté de la révolution qui était préparée et imminente. Mais que V. Exc. et ses collègues reconnaissent ou non l'important service rendu par S. A. à son auguste frère et roi et à la nation, peu importe. Il suffit que don Pèdre IV approuve hautement la résolution prise par S. A. dans cette occurrence, la proclamation publiée par elle, et sa conduite loyale, franche et parfaitement politique.

Puisqu'il est incontestable que don Pèdre IV est le légitime souverain du Portugal, et doit être considéré comme tel, au moins jusqu'à l'accomplissement des conditions de son abdication, il est évident aussi que l'infante dona Isabelle-Marie gouverne le Portugal comme lieutenant du roi don Pèdre IV, et que don Pèdre IV seul a le droit, comme roi et comme père, de nommer la personne qui doit le remplacer en Portugal.

En qualité de légitime roi de Portugal, don Pèdre IV peut donc conférer à son lieutenant-général des pleins-pouvoirs ou des pouvoirs limités. Je défie V. Exc. de me citer un seul publiciste, un seul jurisconsulte portugais digne de ce nom, qui enseigne ou soutienne une doctrine opposée ; et cependant, malgré la passion qui, à ce qu'il me semble, vous enflamme contre la constitution de Portugal, V. Exc. sait bien que, s'il existait aucun doute sur la question en litige ( et il n'en existe aucun ), ce doute ne pourrait être résolu que par les publicistes et les jurisconsultes éclairés du Portugal, et non par vous ni par vos collègues, qui n'ont pas, à ce que je pense, les connaissances nécessaires, ou qui, s'ils les ont, agissent, à ce qu'il paraît, avec mauvaise foi et contre leur manière de penser. Qu'ils choisissent.

V. Exc. n'ignore pas que l'évêque de Vizeu, le baron de Sobral, et votre ami de prédilection, ont commis un crime; et néanmoins V. Exc. les a soutenus dans leurs places, en dépit de la clameur publique, et cela depuis le mois de février jusqu'au 9 juin. Ils ont enfin reçu leur démission *qu'ils avaient bien méritée.*

Si don Pèdre eût acordé des pleins-pouvoirs à son lieutenant, S. M. n'aurait point accordé des graces, quoiqu'elle en ait accordé fort peu depuis qu'elle a reconnu son auguste sœur pour son délégué en Portugal. Et comment donc les ministres portugais, soutenus par V. Exc. (ainsi que vous pouvez le lire dans le *New-Times* et le *Courrier* anglais du 23 mai), ont-ils eu la criminelle témérité de s'opposer à ces faveurs si rares faites par le souverain, puisqu'il avait le droit incontestable de les faire; droit qu'il a et conservera jusqu'au moment où seront accomplies les conditions de son abdication? N'est-ce pas là encourager le crime et les rebelles?

Je sais par des lettres de Lisbonne, dignes de foi, que V. Exc. a dit et répandu que don Pèdre ne gouvernait plus le Portugal depuis qu'il avait octroyé la charte, *attendu qu'un tel ordre de choses serait contraire à la séparation du Brésil, que l'Angleterre a consolidée et doit maintenir*. Mais qu'a à faire la séparation du Brésil avec les décrets que le roi don Pèdre a envoyés ou peut envoyer encore en Portugal? En quoi S. M. porte-t-elle atteinte à la séparation du Brésil et du Portugal? J'attends votre réponse.

Je sais aussi que V. Exc. a dit et publié (et sans fondement, comme on le voit) que si le roi don Pèdre IV continuait à expédier des décrets en Portugal, ce pays deviendrait une colonie du Brésil. Quelle logique extraordinaire que celle de V. Exc.! Ne craignez rien : jamais les Portugais ne consentiront que le Portugal soit une colonie du Brésil, de même que les Brésiliens et leur empereur ne consentiraient pas que le Brésil redevînt une colonie du Portugal. La séparation naturelle des deux pays est consommée *usque in æternum*. V. Exc. ne voit-elle pas que nos monnaies sont différentes; que notre diplomatie, notre armée, notre marine, notre trésor, nos employés, tout en un mot est séparé? V. Exc. ne voit-elle pas que celui qui n'est pas citoyen portugais ne peut être employé dans aucune charge publique? Quelles preuves de plus vous faut-il que le Portugal n'est pas une colonie du Brésil? Il faut avouer que V. Exc. a une logique toute particulière. Le héros de Sainte-Hélène qui, ayant pu faire le bonheur du monde, a fait son malheur, ne disait-il pas aussi : *J'ai ma politique à moi ?*

De ce que don Pèdre IV est empereur du Brésil et roi de Portugal, une personne douée d'un sens commun vulgaire peut - elle, j'en appelle à V. Exc., en conclure que le Portugal est une colonie du Brésil ? Quoi donc ! un souverain ne peut-il posséder deux états indépendans l'un de l'autre, sans que l'un de ces pays devienne une colonie de l'autre ? L'Angleterre est - elle, par hasard, une colonie du Hanovre, ou le Hanovre une colonie de l'Angleterre ?

Mais pourquoi prendrais - je des exemples ailleurs, quand notre histoire nationale nous en fournit un si grand nombre ? V. Exc. ignore sans doute que don Alphonse III étant devenu *comte souverain de Boulogne en France*, par son mariage avec la princesse Matilde, *comtesse souveraine de ces états*, fut proclamé roi de Portugal, par suite de la déposition tyrannique du roi don Sanche II, et qu'il mourut souverain à la fois de Portugal et de Boulogne, sans que Boulogne fût une colonie du Portugal, ni le Portugal une colonie de Boulogne.

V. Exc. ignore sans doute que don Alphonse devint roi de Castille et de Léon, par son mariage avec la reine doña Jeanne ; et que bien qu'il allât gouverner ces états en personne, il ne perdit pas pour cela en Portugal l'exercice de son autorité royale, ni de ses droits de souveraineté qu'il continua à exercer. Le Portugal devint-il donc pour cela une colonie des royaumes de Castille et de Léon, ou les royaumes de Castille et de Léon des colonies du Portugal?

V. Exc. ignore sans doute encore que le roi don Manuel, par suite de son mariage avec la princesse dona Isabelle, héritière du royaume de Castille, de Léon et d'Aragon, alla gouverner ces royaumes en personne, sans perdre pour cela ses droits de souveraineté en Portugal. Le Portugal devint-il pour cela une colonie de ces trois royaumes, ou ces trois royaumes des colonies du Portugal?

V. Exc. ignore sans doute que deux pays gouvernés par un même roi ne forment pas pour cela une seule et même nation, et que ce sont deux choses bien différentes.

L'abdication existe, mais elle dépend, pour son accomplissement, de conditions établies par le souverain qui a généreusement abdiqué. Ce n'est qu'après leur exécution que le roi cessera réellement de gouverner le Portugal. Aucun publiciste, aucun jurisconsulte de bonne foi et de moyenne instruction ne pourra s'empêcher de convenir avec moi de cette vérité. Et ce ne sont que des jurisconsultes et publicistes portugais, et non pas les intrigues diplomatiques, qui peuvent ou doivent résoudre une question si claire en elle-même, et que la mauvaise foi et l'esprit d'usurpation, et des vues sinistres seules, peuvent embrouiller et rendre problématique.

Mais lors même qu'après l'exécution des conditions de son abdication, don Pèdre IV cesserait d'être roi de Portugal, puisqu'il l'a voulu ainsi, cesse-t-il donc d'être père? et le père n'est-il pas le tuteur et curateur né de ses enfans? Qui peut enlever à don Pèdre IV le pouvoir de nommer celui qui devra en Portugal administrer la propriété et le patrimoine de son auguste fille, puisqu'il est le légitime tuteur et administrateur des personnes et des propriétés de ses enfans pendant leur minorité?

Soit donc que l'on considère don Pèdre IV comme roi de Portugal, ainsi qu'il l'est incontestablement jusqu'à l'exécution des conditions mises par lui à son abdication, soit qu'on ne voie en lui que le père de la reine dona Maria II, et conséquemment le tuteur et administrateur légal de son auguste fille; en ces deux qualités, c'est à lui, et à lui seul, qu'appartient le choix de la personne qui doit gouverner le royaume de Portugal pendant la minorité de notre reine actuelle. Ce choix n'appartient pas à V. Exc.; il n'appartient pas aux diplomates résidant à Lisbonne; il n'appartient même à aucun cabinet de l'Europe; ce serait une usurpation des droits les plus sacrés; ce serait un acte de despotisme napoléonique, dont je me plais à croire qu'aucun souverain de l'Europe n'est capable.

Il faut terminer cette lettre, qui, bien qu'elle ne contienne pas la moitié de ce que je pourrais dire, est devenue plus longue que je ne le voulais.

Je la terminerai en disant hardiment à V. Exc.,
que si, dans cette question, on eût voulu mettre
quelque bonne foi et les connaissances nécessaires
dans le droit public de l'Europe, et surtout du
droit portugais, et si on eût véritablement com-
pris la Charte portugaise, il n'est pas un seul
individu de bon sens et ami de la vérité, de l'ordre et de la légitimité, qui n'eût reconnu aisé-
ment :

1° Que la minorité dont parle l'art. 92 de la
Charte constitutionnelle suppose le décès du roi
précédent. Or, le roi légitime du Portugal vit
heureusement encore; c'est donc à lui, et à lui
seul, qu'appartient le droit de nommer la personne
qui doit régir le Portugal pendant la minorité de
son auguste fille.

2° Que les régences sont permanentes; qu'il
n'y a pas succession dans cet emploi; qu'aucune
cause étrangère à la personne du régent ne peut
interrompre ses fonctions et l'exclure de la régence, et que par conséquent une fois que S. A.
l'infante dona Isabelle-Marie est entrée dans la régence du Portugal, elle ne peut remettre le gouvernement du royaume à aucun autre que le légitime souverain, c'est-à-dire la reine dona Maria II;
d'autant mieux que déjà son auguste frère et
roi, tuteur et administrateur né de son auguste
fille, a approuvé pleinement tout ce que S. A. a
fait, et l'a considérée depuis ce moment comme
son lieutenant en Portugal. S. A. l'infante Isabelle-

Marie ne peut donc être privée de la régence sans violence, sans attentat, et sans une usurpation manifeste et scandaleuse.

« Pendant la durée de la régence, dit le publiciste déjà cité, *aucune cause étrangère à la personne du régent ne doit interrompre ses fonctions ou l'exclure de la régence.*

« Ainsi, par exemple, dans le cas où, par défaut d'âge (comme cela est arrivé à l'infant don Miguel) ou autre cause d'empêchement du parent le plus proche, la régence aura été dévolue à un autre, *celui-ci, une fois entré en exercice, continuera ses fonctions aussi long - temps que devra durer la régence, et le parent qui, par quelque cause ce soit, se sera trouvé empêché d'exercer la régence, ne pourra y prétendre, l'empêchement cessant.* »

Peut-il y avoir rien de plus clair?

3º Que l'infant don Miguel, après tout ce que j'ai dit, n'a aucun droit à la régence du Portugal?

Si les égards, si la fidélité, si l'obéissance que l'infant don Miguel doit à son auguste frère et roi, comme son premier sujet, doivent être comptés pour rien ; si le droit public de l'Europe et le droit portugais doivent être dédaignés ; si la Charte constitutionnelle, légitimement octroyée et jurée avec plaisir, doit être foulée aux pieds ; si on veut, au droit, à la raison, à la justice et à la légitimité, substituer le droit de la force, de l'intrigue et de la fraude, alors la question est décidée.

Ce que je viens d'écrire à V. Exc., je le dirais

franchement à S. A. l'infant don Miguel, et je suis certain que, loin de s'en offenser, S. A. m'en louerait, et connaîtrait alors que je suis plus ami de sa bonne renommée et de sa gloire que ceux qui, le flattant aujourd'hui, l'ont toujours mal conseillé en voulant précipiter les événemens, et n'ont nullement en vue sa véritable gloire, mais uniquemens leurs intérêts particuliers.

Que S. A. l'infant don Miguel soit le premier à donner l'exemple du respect, de la fidélité, de l'obéissance aux ordres de son auguste frère et roi; il dissipera par cette conduite honorable tous les soupçons et toutes les méfiances de la nation pour lui; et les Portugais de toutes les classes apprendront alors que l'infant don Miguel est digne de gouverner un jour, à côté de son auguste reine et épouse, une nation vaillante et fidèle.

J'ai l'honneur d'être, etc.

*Le conseiller* Bernardo Jozè d'Abrantès e Castro.

Londres, le 5 juillet 1827.